Sallusts Tendenz im Rededuell zwischen Caesar und Cato. Summum ius - summa iniuria?

Bibliografische Information der Deutschen Nationalbibliothek:

Die Deutsche Nationalbibliothek verzeichnet diese Publikation in der Deutschen Nationalbibliografie; detaillierte bibliografische Daten sind im Internet über http://dnb.d-nb.de abrufbar.

ISBN: 9783346736628
Dieses Buch ist auch als E-Book erhältlich.

Druck und Bindung: Books on Demand GmbH, Norderstedt Germany
Gedruckt auf säurefreiem Papier aus verantwortungsvollen Quellen

Das vorliegende Werk wurde sorgfältig erarbeitet. Dennoch übernehmen Autoren und Verlag für die Richtigkeit von Angaben, Hinweisen, Links und Ratschlägen sowie eventuelle Druckfehler keine Haftung.

Das Buch bei GRIN: https://www.grin.com/document/1281147

Summum ius-Summa iniuria?

Sallusts Tendenz im Rededuell Caesars und Catos

Muttersprache: Armenisch

Geschichte, Politik und Gesellschaft

Fachsemester 6

Datum der Abgabe: 23.10.2020

Inhaltsverzeichnis

1. Einleitung

Der Umsturzversuch des Senators Lucius Sergius Catilinas ist ein Ausdruck der Erosion aristokratischer Ethik.[1] Die hohen Schulden, die Einzelne zur Finanzierung ihrer politischen Karriere aufgenommen hatten, störten den Zusammenhalt der *Nobilitas*. Der Patrizier Catilina unterlag mehrfach in den Consularcomitien und suchte die begehrte politische Stellung 63 v. Chr. durch einen Umsturz gewaltsam zu erringen. Der Consul Cicero erfuhr von den Plänen Catilinas und stellte ihn in einer Rede bloß, sodass Catilina gezwungen war, Rom zu verlassen. Die Mitverschwörer wurden inhaftiert und am 5. Dezember eine Senatssitzung einberufen, um unter den Bedingungen eines *Senatus consultum ultimum* über das Schicksal der Gefangenen zu entscheiden. Consul Silanus beantragte die Todestrafe, der von Julius Caesar, der in der folgenden Debatte in popularer Tradition abgelehnt wurde, da er dafür plädierte die *dignitas* zu bewahren und zukünftige Präzedenzfälle zu meiden.[2] Eine Antwort darauf gab Cato der Jüngere, der die Republik unter Gefahr sah.

Die Forschung hat in der Vergangenheit vor allem nach der Legitimität des Verfahrens und der Todestrafe gefragt. Argumentiert wird meist, dass die Todestrafe eine Entscheidung gegen das geltende Recht bedeutete, da die Verschwörer vor der Inhaftierung nicht zu Staatsfeinden ausgerufen worden waren und die Exekution eines römischen Bürgers ohne ein Urteil des Gerichtes verboten war.[3] In diesem Zusammenhang wird auch argumentiert, Sallust höchst selbst habe Caesars Ansicht, der Senat dürfe römischen Bürgern kein Todesurteil ohne Volksbeschluss verhängen, zunichte gemacht. Denn Sallust berichtete, dass den Angeklagten schon während der Festnahme Hochverrat verhängt worden ist, welches sie zu Staatsfeinden machte, denen die römischen Bürgerrechte genommen wurde, somit auch das Recht sich vor dem Senat zu verteidigen.[4]

Die politische Situation der Jahre, in denen der Historiker Sallust sein Werk *Bellum Catilinae* verfasste, waren wie das Jahr 63 v. Chr, das Jahr der Catilinarischen Verschwörung überladen von Ereignissen, die die Republik immer weiter schwächten. Nach dem Tod von Iulius Caesar

---

[1] Die Krise der Römischen Republik äußerte sich darin, dass bestimmte Politiker die populare Methode anwendeten bzw., dass dieses Vorgehen problematisch war. Siehe hierzu BLEICKEN, Jochen, die Verfassung der Römischen Republik, Grundlagen und Entwicklung, Paderborn, S.190.
[2] Vgl. VRETSKA, C. Sallustius Crispus. De Catilinae Coniuratione, Heidelberg 1976, S. 556.
[3] Vgl. ebd. S. 503.
[4] Siehe Sall Cat. 50,3 „*sed eos paulo ante frequens senatus iudicaverat contra rem publicam fecisse.*" Auf dieses Argument weist auch Fehrle hin. Vgl. FEHRLE, Rudolf: Cato Uticensis, Darmstadt 1983, S. 309.

entlud sich ein Kampf zwischen Antonius und Octavian. In dieser Hinsicht ist es interessant, dass Sallust in seinem Werk an die Strafdebatte erinnert.

Sallusts Werk *Bellum Catilinae* genießt sowohl für seinen Anspruch der moralischen Geschichtsschreibung als auch für eine Darstellung des sozialen und politischen Denkens der Zeit einen besonderen Stellenwert. Der Moralist Sallust führt durch das Werk die Krise der Republik sowie das Fehlen tugendhafter Staatsmänner vor Augen und äußert Kritik an die Nobilität. Sittliche Tugenden und der Begriff des *virtus* sind ein sehr präsenter roter Faden. bei Sallust.

Ein besonderes Augenmerk wird auf das Verständnis von Sallust als Historiker und auf die Nachvollziehbarkeit seiner politischen Position bezüglich des Rededuells Caesars und Catos gelegt, welches durch Kapitel 53 zu einer Synkrisis überleitet.

Im Hinblick auf Sallusts Anspruch als >moralischer> Historiker ist der wissenschaftliche Diskurs über die Frage, welche Position Cato und Caesar in der Synkrisis und im Werk insgesamt einräumen, von besonderem Interesse. Aus diesem Grund geht die vorliegende Arbeit der Frage nach, welcher der *magni viri* des Rededuells als Gewinner aus Sicht Sallusts als Sieger des Rededuells gelten können. Zu diesem Zweck beginnt die Hausarbeit mit einer allgemeineren Erläuterung der Quellenlage rund um die Verschwörung Catilinas. Dabei wird auch Sallust als Geschichtsschreiber und seine Methode betrachtet. Daraufhin sollen die *orationes* Catos und Caesars untersucht werden. Zwei einzelne Kapitel widmen sich den Argumenten der Redner und bewerten ihre Überzeugungskraft. Nachfolgend beschäftigt sich ein Kapitel mit der Synkrisis und der Frage welcher der Redner nach Sallust als Gewinner hervorgeht. Schließlich folgt eine Konklusion über die Erkenntnisse der Arbeit.

Die Forschungsmeinungen gehen hinsichtlich dieser Frage weit auseinander. Die ältere Forschung beurteilte Caesars Rede kritisch und und sah Cato als Sallusts Gewinner.Auch an einer alternativen Richtung fehlt es nicht, die besagt, dass es irrtümlich sei die Reden einzeln zu betrachten. Für die Bearbeitung dieser Fragestellung sind einige dieser Forschermeinungen zu wichtig, um unberücksichtigt zu bleiben. Das Sammelwerk „Sallust", herausgegeben von Viktor Pöschl, enthält einen reichen Fundus an für das Thema spezifischen Aufsätzen, da es die Beiträge von Autoren wie Hans Drexler, Hugh Last, Karl Vretska und Viktor Pöschl selbst beinhaltet, die für die zeitgenössische Sallust-Forschung prägend waren.. Doch auch die Analyse von Rudolf Fehrle, der in seinem Werk „Cato Uticensis" das Rededuell Sallusts nicht ebenfalls behandelt, wurde herangezogen,da er sich beispielsweise klar gegen die Meinung von Last positioniert und mit überzeugenden Argumenten gegen eine Cato-freundliche Tendenz Sallusts argumentiert.

2. Quellen

Es heißt, dass Scipio im Jahre 146 v. Chr., nachdem er über Karthago siegte, beim Anblick der niederbrennenden, aber einst so mächtigen Metropole in Tränen ausbrach und mit dem Gedanken, dass auch Rom nicht von der Gefahr eines Untergangs gesichert sei, Homer zitierte.[5] Der römische Historiker Sallust sah in der Zerstörung Karthagos einen Wendepunkt in der Geschichte, welcher den Anstoß des ersten Dominosteins darstellte, der letztendlich zum Sittenverfall der Römischen Republik führte..[6]

Die Dekadenztheorie ist ein unzertrennlicher Bestandteil des Geschitsdenkens der Menschheit, weswegen sie auch ihren festen Platz in der Geschichtswissenschaft besetzt. Die Angst vor einem Verfall oder vor einem apokalyptischen Ende ist eine allgegenwärtige Thematik, vor allem in der römischen Historiographie.

Die Besonderheit der römischen Geschichtsschreibung liegt darin, dass sie eine klare Spiegelung der sozialen und politischen Verhältnisse und der römischen Geschichtsauffassung ist. Die Schilderung von Misserfolgen oder Tugenden steht dementsprechend in der historiographischen Agenda vieler römischer Historiker. Diesen wird die Bezeichnung "moralischer" Geschichtsschreiber zutreffend verliehen.[7] Als Paradebeispiel eines solchen Historikers gilt Gaius Sallustius Crispus.[8]

Die politische Laufbahn Sallusts[9] sollte durchaus bei der Bewertung seiner Werke miteinbezogen werden. Seine Werke richten sich stark gegen den Senat und gegen die Nobilität. Einige vertreten sogar die Meinung, dass Sallust Julius Caesar in seinen Werken zu rechtfertigen versuchte, wie beispielsweise im *Bellum Iugurthinum* durch die Darstellung des Marius.[10] Als Volkstribun trat Sallust zusammen mit Caesar 52 v. Chr. gegen Cicero auf. Es

---

[5] Siehe Hom. Il. 6.447-449.

[6] Siehe Sall. Cat. 10. *Sed ubi labore atque iustitia res publica crevit, reges magni bello domiti, nationes ferae et populi ingentes vis ubacti, Carthago, aemula imperii Romani, ab stirpe interiit, cuncta maria terraeque patebant, saevire fortun ac miscere omnia coepit.*

[7] Siehe hierzu DREXLER, Hans: Die moralische Geschichtsauffassung der Römer, Gymnasium 61,(1954),S. 168-190.

[8] Vgl. LEFEVRE, Eckard: Argumentation und Struktur der moralischen Geschichtsschreibung der Römer am Beispiel von Sallusts Bellum Iugurthinum, Gymnasium 86, 1979, S. 276.

[9] Für weitere Information dazu siehe SYME, Ronald: Sallust, Darmstadt 1975.

[10] Vgl. BARR, Julian: Sallust, Corrupt Politician and Historian, in: Crossroads Band 6.1, (2012), S. 63.

wird vermutet, dass seine Parteischaft mit Caesar (da Caesar sich in einem Konflikt mit dem Senat befand) ein Grund war, der dazu führte, dass er aus dem Senat ausgestoßen wurde. Im Bürgerkrieg gegen Pompeius wird Sallust ebenfalls an der Seite Caesars gesehen. Durch Caesar wurde Sallust Statthalter in der neuen Provinz *Africa Nova*. Nach dem Tod Caesars wendete sich Sallust von der Politik ab und widmete sich der Geschichtsschreibung.

Sallusts Werk wurde dreißig Jahre nach der Verschwörung verfasst. Dementsprechend ist es nicht verwunderlich, dass in der Forschung Konsens darüber besteht, dass Sallusts Darstellungen Unstimmigkeiten sowohl in der Abfolge der Ereignisse als auch in den Zusammenhängen enthalten.[11] Diese Abweichungen werden von verschiedenen Historikern unterschiedlich interpretiert. C. John beispielsweise glaubt, dass Sallust den Anfang der Verschwörung falsch datiert habe, während Eduard Schwarz die Irrtümer Sallusts als einen Versuch interpretiert, eine Apologie für Caesar gegen die Vorwürfe Ciceros im Werk *de consilis suis* zu verfassen.[12] Bringmann bleibt von diesen beiden Thesen zurecht unbeeindruckt, da am Beispiel des Rededuells von Cato und Caesar die Intention von Sallust deutlich wird. Sallust schildert nicht den genauen Verlauf der Debatte und verwendet Prolepsen (Ereignisse wie die Intervention Ciceros wurden beispielsweise ausgelassen), da er mithilfe der Redebeiträge weitaus Abstrakteres illustrieren wollte.[13] Das Ziel Sallusts ist durchaus nicht die chronologische Schilderung von Tatsachen, sondern die Stützung seiner eigenen These, die Vergegenwärtigung des Sittenverfalls und die Darstellung des Niedergangs.[14] Die bewusste Datierung des Anschlags auf Caesar auf den 4. Dezember etwa kann als Beispiel dafür stehen, dass Sallust bewusst ein Datum auswählte, um dramaturgisch seine Argumentation stützen zu können. Wenn Sallust den Überfall im Rahmen der Senatssitzung am 5. Dezember geschildert hätte, wäre der Anschlag und nicht das Rededuell im Mittelpunkt und die Spannungskurve wäre von einem Attentat übertrumpft.[15]

Dem Umsturzversuch Catilinas in der Zeit der Krise der Römischen Republik mangelt es nicht an Verzeichnungen. Die maßgeblichen Überlieferungen sind die von Appian, Cicero, Suetonius, Cassius Dio sowie Plutarch.

---

[11] Vgl. BRINGMANN, Klaus: Sallusts Umgang mit der historischen Wahrheit in seiner Darstellung der Catilinarischen Verschwörung, in: Philologus Band 116, (1972), S. 98.
[12] Vgl. ebd.
[13] Vgl. DRUMMOND, Andrew: Law, politics and power, Sallust and the execution of the Catilinarian conspirators, Stuttgart 1995, S. 26ff.
[14] Vgl. BRINGMANN, ebd., S.98.
[15] Vgl. ebd., S. 112.

Die Überlieferung von Appian lehnt sich stark an Sallusts Darstellungen und kann als historisches Werk dementsprechend nicht für sich alleine stehen.[16] Eduard Schwartz bezeichnet die Darstellung Appians als ein Roman mit einer ähnlichen politischen Tendenz wie die von Sallust. Beide verfolgen das Ziel zu zeigen, dass die Republik sich in einer tiefen Krise befand und ihr der Untergang drohte.[17]

Die Reden Sallusts, die er Cato und Caesar in den Mund legte, sind unhistorisch[18] und in der Retroperspektive erst nach dem Tode Caesars und Selbstmord Catos verfasst worden. Historisch wichtige Schlüsselereignisse werden ausgelassen. Berichtet wird nur über den Antrag des Silanus und beispielsweise der existierende Antrag des Prätoriers Tiberius Nero wird nicht geschildert. Nero schlug vor, bis zur Festnahme Catilinas keine vorzeitige Entscheidung im Senat zu treffen.[19]

In Plutarchs *Vitae Parallelae* findet der Antrag Caesars ebenso Erwähnung. Es heißt, dass Caesar eine lange Rede hielt und plädierte in Zeiten von Frieden eine Entscheidung über die Verschwörer zu treffen. Er erinnerte in der Rede laut Plutarch daran, dass eine Todesstrafe nicht der römischen Tradition entspreche.[20] Plutarch bezeichnet Caesar als einen überzeugenden Redner, dem es gelang den Senat und sogar Silanus, den Consul selber kurzweilig zu überzeugen, dass die Tötung als Strafe ohne ein Gerichtsverfahren nicht rechtmäßig wäre. Cato, so heißt es, äußerte daraufhin seine Meinung und hielt zornig eine Rede, indem er sowohl Silanus als auch Caesar in dem Punkt kritisierte, dass sie nicht für Todesstrafe plädierten. Cato meinte, Caesar hätte als Popular durch seine Rhetorik versucht den Staat umzustürzen.[21]

Sowohl Sueton als auch Cassius Dio berichten, dass im Senat nur Caesar der Todesstrafe nicht zustimmte, sondern sich dafür aussprach die Verbrecher in unterschiedlichen Städten zu verteilen und deren Besitztümer zu beschlagnahmen.[22]

---

[16] DRUMMOND: Law, politics and power, S. 24.
[17] SCHWARTZ, Eduard: Die Berichte über die catilinarische Verschwörung, Hermes 32, (1897), S. 607. Die einzelnen Zeugnisse werden detailreich in dem in zwölf Abschnitten unterteilten Quellenheft von Hans Drexler, der eine Gesamtdarstellung und Diskussionen über Sallust und eine Prosopographie anbietet, behandelt. Vgl. DREXLER, Hans: die Catilinarische Verschwörung, ein Quellenheft, Darmstadt 1976.
[18] Vgl. VRETSKA, Sallustius, S. 508. Hinweise auf stilistische Einheitlichkeit von Caesar.
[19] Vgl. ebd., S. 503.
[20] Siehe Plut. Caes. 7-8.
[21] Siehe Plut. Cato min. 22.
[22] Suet. Iul. 14 und Cass. Dio 37.

3. Caesars Rede

Als ein bekannter Anhänger Caesars steht der sallustische Caesar im Mittelpunkt zahlreicher wissenschaftlicher Auseinandersetzungen, wie in dem Werk Schurs „Sallust als Historiker", Drecklers „Sallust" oder Lämmlis „Sallusts Stellung zu Cato, Caesar, Cicero". Mit dem Ziel durch dieses von Sallust konstruierte Caesarbild Schlussfolgerungen auf politische Meinungen des Historiographen zu ziehen gerät vor allem das Werk *Bellum Catilinae*, welches nach den Iden des März verfasst wurde, ins Blickfeld.[23] Die Rede Caesars beginnt mit einem Appell an die Senatoren während der Teilnahme an *res dubiis* rational zu bleiben, da der Verstand von Emotionen nur geblendet werde. Die Teilnahme an der *res dubiis* verlangte Rationalität, eine Eigenschaft, die Menschen von Monstern trennt und ein sallustisches Ideal, von welchem Caesar erinnert nicht abzuweichen.[24] Diese Erinnerung an politische Nüchternheit verdeutlicht schon in den anfänglichen Zeilen seine Position in der Debatte. Er glaubte, dass die Hinrichtung der "Verschwörer" ohne einen Senatsbeschluss eine von Emotionen geleitete Entscheidung wäre. Dem Verstand setzt Caesar die *lubido* (gieriges und egoistisches Verhalten) entgegen, welche den größten destruktiven Einfluss in der Politik innehat und die nur unzureichend als "Leidenschaft"[25] übersetzt werden kann, da *"haud facile animus verum providet, ubi illa officiunt, neque quisquam omnium libidini simul et usui paruit"*[26]. Caesar als designierter Prätor plädierte dafür, bei Rechtsverletzungen keine härtere Strafe zu verhängen als die, die das Gesetz erlaubt. Dementsprechend wollte Caesar die zwei Gesetzesentwürfe der *lex Sempronia* (123 v. Chr.), die den Todesurteil römischer Bürger ohne Volksbeschluss erlaubte und der *lex Valeria de provocatione* (um 510/9 v. Chr.), die den Angeklagten die Befugnis gab, die Hinrichtung durch *comitiae* überprüfen zu lassen, nicht außer Acht lassen.[27] Caesar argumentiert gegen die Todesstrafe damit, dass er auf den Tod als Erlösung von Leid hinweist, woraufhin er persönlich den Konsul Silanus in der Rede attackiert und sagt, dass Silanus sich bisher nie für die Todesstrafe entschieden habe, weil sie eben gegen das

---

[23] Vgl. SHIMRON, Benjamin: Caesar's place in Sallust's political theory, Athenaeum 45, (1967), S. 335- 336.
[24] Vgl.SKLENAR, Robert John: La république des signes. Caesar, Cato, and the language of Sallustian morality, TAPhA 128, 1998,S. 207.
[25] Vgl. PÖSCHL, Viktor: Die Reden Caesars und Catos in Sallusts Catilina, in: ders. (Hrsg.): Sallust, Darmstadt 2 1981, S. 369.
[26] Siehe Sall. Cat. 51.2.
[27] Vgl. BILLER, Hildegard: Cato Der Jüngere in der Lateinischen Rezeption der Christlichen Spätantike und des Frühen Mittelalters, in: *Mediaevistik*, Band 12, (1999), S. 62.

geltende Recht verstoße. Schließlich fragt er, warum Silanus nun beschloss die Gesetze zu ignorieren. [28] Grundsätzlich scheint die Rede Caesars eine eher philosophische zu sein. Beispielsweise kann erwähnt werden, dass Caesar nicht an die *lex Porcia*, sondern an die *lex Sempronia* erinnert, was damit zusammenhängt, dass Sallust ihn wie einen Stoiker argumentieren lässt.[29] Caesar fordert die Senatoren letztendlich auf, dem Beispiel ihrer Ahnen zu folgen und ihren eigenen Ansprüchen eines guten, tugendhaften Menschen gerecht zu werden. Dabei wird eins bemerkbar: Caesars Argumente sind viel mehr als nur rein juristisch. Vor allem dadurch, dass er sich auf Rationalität beruft und mit dem Hinweis auf die *maiores*, die *recte atque ordine fecere* tritt Caesar in die politisch-ethische Dimension und greift einen Wertemaßstab auf, der viel höher steht als Gesetze.[30] Die Ahnenbilder, die Caesar verwendet, erinnern erneut an Sallust, der intellektuelle Überlegenheit als eine hohe Tugend sieht. Die Vorfahren hätten tugendhaft gehandelt und es sei deren Beispiel zu befolgen, da sie die *sapientia* besessen hätten, die der Republik während der Krisenzeit fehlte.[31] Das Stützen Caesars auf die Ahnen ähnelt der Argumentation von Sallust selbst, der im Proömium seines Werkes die vergangene, anfängliche Blütezeit des Römischen Reiches als Exempel aufführt. Diese Parallele ist als Kontrast zu der Argumentation von Cato zu verstehen, der im Gegensatz zu Sallust und dem sallustischen Caesar, die Vergangenheit nicht als ein positives Vorbild benennt.[32] Weiterhin führt er den Fall der Rhodier (im dritten Makedonischen Krieg) und das Beispiel der Karthager im Punischen Krieg als Exempel auf. So heißt es *"postquam bello confecto de Rhodiis consultum est, maiores nostri, ne quis divitiarum magis quam iniuriae causa bellum inceptum diceret[...]"*[33]. Nach dem dritten Makedonischen Krieg verlor Rhodos große Teile seines Reiches. Den Rhodiern wurde vorgeworfen während des Krieges Vermittlungen begonnen zu haben. Dieser angebliche Treuebruch wurde durch einen römischen Feldzug, während die Rhodier Besetzungen und eine wirtschaftliche Schwäche erlitten, bestraft.

---

[28] Vgl. VRETSKA,Sallustius, S.535. Siehe Sall Cat. 51.16,*D. Silanum, virum fortem atque strenuom, certo scio, quae dixerit, studio rei publicae dixisse, neque ilium in tanta re gratiam aut inimicitias exercere: eos mores eamque modestiam viri cognovi. verum sententia eius mihi non crudelis - quid enim in talis homines crudele fieri potest?"*.
[29] FEHRLE, Cato, S. 305.
[30] Vgl. VRETSKA,Sallustius, S. 514.
[31] Vgl. SKLENAR, La république, S. 211. Siehe Sall. Cat. LI. XLII *„profecto virtus atque sapientia maior illis fuit, qui ex parvis opibus tantum imperium fecere, quam in nobis, qui ea bene parta vix retinemus".*
[32] BAIER, Thomas: Cicero und Sallust über die Einzelherrschaft Caesars, in: Thomas Baier (Hrsg.): Die Legitimation der Einzelherrschaft im Kontext der Generationenthematik, Berlin 2008, S. 76.
[33] Siehe Sall. Cat. 51.5. Diese Argumentation ist mit der Sichtweise des älteren Cato nicht deckungsgleich, denn in seiner Rhodierrede vertritt er die Position, dass die Rhodierdebatte keine Grundlagen hat, da diese unschuldig sind.

Caesars Narrative stützt sich auf das kollektive Gedächtnis der Senatorenschicht. Auch das zweite Beispiel der Karthager, welches die *dignitas* als Tugend hervorhebt, soll zu einer Handlungsleitlinie für den Senat führen und den Ruf bestärken.[34] Caesar fordert das Exemplum der Ahnen zu folgen und Milde zu zeigen. Die erwähnten Vorfahren zeigten laut Caesar Güte, hielten sich immer strikt an das Recht und legten es überdies immer zugunsten der Rechtsbrecher aus.[35] Sie unternahmen nie mehr als das Recht zuließ und immer weniger als es ihnen einräumte tatsächlich gegen die Übeltäter einzusetzen. Dieser Aufruf an die *Clementia verdeutlicht*, dass die Rede erst in der Retrospektive verfasst wurde. Sallust scheint den Leser an die wohl bekannte *"Clementia Caesaris"*, die Milde Caesars zu erinnern, die Caesar in seiner Herrschaftsausübung durchaus zur Schau stellte und als Instrument für den Erhalt der Loyalität seiner Gefolge nutzte.[36] Sallust selbst vermeidet das Wort *Clementia* und verwendet *mansuetudo et misericordia*, da *Clementia* stets mit Caesar in Verbindung gebracht wird.[37] In der Antike wurde fehlendes Mitleid zwar Tyrannen vorgeworfen, doch man kann ebenso argumentieren, dass jener, der die Befugnis zur Ausübung von *Clementia* hatte, gleichzeitig Macht besaß. Somit seien Mitleid und Großzügigkeit Eigenschaften eines Alleinherrschers.[38] Laut Sallust hängt Machterhalt stets mit *sapientia*[39] zusammen. So schrieb Sallust bei der Aufzählung der römischen Tugenden, dass sogar diejenigen, die körperlich schwach geworden sind, durch ihre *sapientia* mächtig seien[40], denn Macht ginge nur dann verloren, wenn *lubido* und *superbia* die Oberhand übernehmen. Caesars Rede jedoch zeigt, dass intellektuelle Überlegenheit zwar eine Stärke darstellt, doch wie bei dem Fall Catilinas auch zu einer negativen Eigenschaft werden kann.[41] Die Argumentation des sallustischen Caesars richtet sich gegen das *summo iure contendere*, bei dem innen- und außenpolitische Angelegenheiten gleichwertig behandelt werden. Caesar stuft das moralische Empfinden

---

[34] SCHMID, Walter: Sallust. Die Reden Caesars und Catos. Terminologie und Ideologie, Gymnasium 69, (1962), S. 338.
[35] Siehe Sall. Cat. 51.6 „quid [...] iure fieri possit.."
[36] MAUSE, Michael: Clementia Caesaris, Caesar und seine Gegner im Bürgerkrieg, in: Praxis Geschichte, Band 1, (2009), S. 43-45.
[37] SYME, Ronald: Sallust, Darmstadt 1975, S.115.
[38] Ebd.
[39] Cicero fügte die *sapientia* auch zu traditionellen römischen Staatstugenden hinzu. Er verband die Leistungstugenden *fides, pietas, virtus* mit Wissen. Vgl. HOMEYER, Helene: Zur Bedeutungsgeschichte von "Sapientia", in: L'antiquité classique, Band 25.2, (1956), S. 307.
[40] Siehe Sall. Cat. 6.6.
[41] Siehe Sall. Cat. 5.4. „Catilina.. fuit magna vi et animi et corporis, sed ingenio malo pravoque (Cat. 5.1); satis eloquentiae, sapientiae parum". Vgl. SKLENAR, La république, S. 210.

höher ein als das niedergeschriebene objektive Recht.[42] Neben dem Rückgriff auf die Ahnenbilder verwendet der sallustische Caesar zudem Ironie und gibt durch diese die Reden der vorangegangen Oratoren wieder. Er kritisiert, die Vorredner hätten auf übertriebene Weise von staatlichen Gefahren wie Kriegen berichtet. Dies führt er als ein Beispiel auf, um zu verdeutlichen, dass das menschliche Rechtsempfinden subjektiv sei. So wird die *iniuriae suae*, Rechtsverletzungen, die einem selbst betreffen, überspitzt dargestellt. Ein wichtiger Punkt dieses Arguments ist Caesars Überzeugung, dass aus diesem Grund die Senatoren keine durch Emotionen fehlgeleitete Entscheidungen treffen sollten.[43] Nachdem Caesar auf Silanus zu sprechen kommt, fragt er rhetorisch, ob es jemanden gäbe, der eine Klage gegen Bürger kritisieren würde, die Hochverrat gegen den Staat begangen haben. Weiterhin blickt Caesar in die Zukunft und weist darauf hin, dass der Senat nicht vergessen sollte, dass die getroffene Entscheidung für Präzedenzfälle sorgen könnte. Caesar beendet seine Rede mit dem Appell das Vermögen der Angeklagten einzuziehen und sie zu verbannen. Caesar spiegelt die römischen virtutes der *clementia* und *sapientia* wider und erinnert durch seine Argumentationsweise an Sallust selbst. Ein klar definierter *virtus*-Begriff lässt sich bei Sallust nur schwerlich formulieren. Einerseits verwendet Sallust ihn für eine eher umfangreichere Definition, welche durch Dienste eines Individuums für den Staat entschieden wird, andererseits als Synonym für altrömische Äquivalente der Tapferkeit und Mannhaftigkeit. Doch in beiden Fällen greift Sallust auf den altrömischen Ursprung zurück und unterstreicht den Wert des Vorhandenseins der Tugenden für den Aufstieg Roms.[44] Vergleicht man den Beginn der Rede des sallustischen Caesars "*Omnis homines, patres conscripti, qui de rebus dubiis consultant*"[45] und das Proömium Sallusts "*omnis homines, qui*"[46] lässt sich feststellen, dass diese ähnlich beginnen. Die Allgemeinheit beider Aussagen dient dem Zweck anhand der Ereignisse des Jahres 63 v. Chr. Rückschlüsse auf das Verhalten und die Natur des Menschen zu ziehen.[47] Die Bezugnahme auf "*omnis homines*" hat einen rhetorischen Effekt, der den Leser in das Geschehen einbezieht.[48] Der Historiker Baier vertritt die These, dass Sallust das Ziel verfolgte Caesar als den rationalen Staatsmann zu präsentieren, der gegen

---

[42] BAIER, Sallust,S. 76. Hierzu schreibt Vretska allerdings, dass die Rede eher streng wirken sollte und betont wird, dass er das römische Schutzrecht nicht verletzen möchte. Vgl. VRETSKA, Sallustius, S.561.
[43] Sall. Cat 6.3; Vgl. PÖSCHL, Die Reden,S.369.
[44] Siehe Sall. Cat. 53.4; Vgl. Gärtner, Hans Armin: Erzählformen bei Sallust, Historia 35, 1986, S. 462.
[45] Siehe Sall. Cat. 51.
[46] Siehe Sall. Cat. 1.
[47] BAIER, Sallust, S. 75.
[48] Vgl. VRETSKA, Sallustius, S. 512.

diejenigen argumentiert, die von Emotionengeleitete Entscheidungen treffen. Es ist durchaus positiv zu beurteilen ist, wenn Sallust Caesar beispielsweise nicht aus Mitleid gegen die Todesstrafe sprechen lässt, sondern aus Rationalität und für das Wohl des Staates.[49] Laut Aristoteles ist genau das, was eine guten Bürger auszeichnet, emotionsfreies Handeln für den Erhalt des Staates.[50] Sallust versucht laut Baier in Caesar die altrömischen Werte widerzuspiegeln und Caesar wäre das einzige *remedium* für die *res publica*.[51] Die procaesarianische Tendenz Sallusts, vor allem in Hinblick auf die materiellen Vorteile, die Sallust sich durch Caesar verschaffte, ist nachvollziehbar, doch in ihren Details umstritten. Der Historiker Schimron zum Beispiel meint, dass Caesar es nicht geschafft habe den Staat wiederherzustellen und dass seine Herrschaftsweise den Spielraum für Willkür und Bürgerkriege eröffnet habe. Er vermerkte zudem, dies könnte zu einer Tendenzveränderung Sallusts führen. Politisch betrachtet wird Caesar hierbei auf dieselbe Ebene von Sulla und Catilina gestellt, da sein politisches Ziel die persönliche Macht war.[52] Zwar steht der sallustische Caesar ganz im Sinne Sallusts für die Stimme der Milde und Vernunft, einer wohlüberlegten Gerechtigkeit (*misericordia, aequitas iustitiae*), doch gleichzeitig beweist er weitere Charakterzüge wie Ehrgeiz und Machtgier, die das positive Caesarbild negativ beeinflussen: Es wird der Anschein erweckt, Caesars Milde sei nur oberflächlich.[53] Zusammenfassend lässt sich erkennen, dass Caesar seine Argumentation auf drei wesentlichen Punkte aufbaut: Erstens weist er auf die Vernunft hin, zweitens auf den Ruhm und *Dignitas* des Senats und drittens warnt er vor möglichen Präzedenzfällen. Allgemein entsteht der Eindruck, dass bei der Rede Caesars, das einzige kraftvolle Argument sein Hinweis auf den Präzedenzfall ist, da sich die vorherigen Argumente lediglich auf abstrakte Faktoren beziehen.

4. Catos Rede

Cato wird *mutatis mutandis* als ein sehr strenger Redner dargestellt, der eine kompromisslose Haltung vertritt. Durch seine Rede kommt die *constantia* als Charakterzug bei Cato zur

---

[49] Vgl. VRETSKA, ebd., S. 513.
[50] Aristot. Pol. 3.1276b.
[51] BAIER, Sallust, S. 78.
[52] Vgl. SHIMRON, Caesar's place, S. 343-345.
[53] Vgl. BILLER, Cato, S. 62.

Geltung: Cato tritt als Gegner des Luxus und strenger Richter gegenüber anderen auf.[54] Die Charakterzüge Caesars, die durch die Rede auf den ersten Blick zum Ausdruck kommen: die Milde und Barmherzigkeit sind eigenschaften die den heutigen Leser vermutlich vertrauter sind, weswegen versucht werden sollte die Rede in den Augen von Altrömern zu betrachten.[55] Die Rede Catos scheint für den Leser einfacher einordbar zu sein, da Cato explizit das typische Repertoir senatorischer römischer Tugenden beschwört. Schlussfolgernd wird aus diesen Werten heraus sowohl Sittenstrenge plädiert als auch folgendes Fazit unterstrichen: die Todesstrafe der Verschwörer zum Erhalt der *Libertas*. Die Tatsache, dass Cato Volkstribun war und die Freiheit des Volkes verteidigen sollte[56], beeinflusst seine Argumentation. So weist Cato daraufhin, dass die *libertas et anima nostra in dubio est*.[57] Während Caesar auf Rechtswidrigkeiten hinweist, dürfen Legalitätsbedenken bei Cato, wenn es um den Erhalt des Staates geht, keine Rolle spielen. Dieses Fehlen juristischer Argumentation wird von manchen Historikern als Schwäche verurteilt, indem die Konzentration auf die Notwendigkeit der Notwehr als ein Fehlen von juristischen Gegenargumenten gedeutet wird.[58] Die Interpretation scheint nicht nachvollziehbar zu sein, da bei Cato Präzedenzfälle und juristische Argumente nur an Gewicht verlieren, weil für ihn der Erhalt des Staates schlicht ergreifend an höchster Stelle steht. Schon zu Beginn seiner Rede greift er die Vorrede Caesars auf mit den Worten *Longe alia mihi mens est*[59], und kritisiert sie, indem er verdeutlicht, dass die Herangehensweise Caesars ein Irrtum sei. Denn bei der Senatssitzung ginge es nicht darum eine Strafe festzulegen, sondern den Staat vor solchen *patriae parentibus, aris atque focis suis bellum paravere*[60] zu bewahren.[61] Er begründet seine Position, indem er sagt, andere Tatbestände seien strafbar, doch käme solch eine Straftat erneut vor, wären sämtliche Gerichtsverfahren sinnlos. Denn wenn eine Stadt besiegt ist, seien die Besiegten machtlos.[62] Catos Rede kann in drei Teilen gleicher Länge gegliedert werden. Im ersten Teil werden die Vorwürfe als Zunahme der Selbstbezogenheit betrachtet, wobei erstens der Staat an sich, zweitens die Freiheit und drittens das Leben in Gefahr steht.[63]

---

[54] SKARD, Eliv: Sallust als Politiker, in: Symbolae Osloenses 9, (1930) S. 71.
[55] SKARD,Sallust, S. 71.
[56] Vgl. VRETSKA, Sallustius, S. 571.
[57] Siehe Sall. Cat. 52.8.
[58] Vgl. SCHMAL, Stephan: Sallust, (Studienbücher Antike) Band 8, Hildesheim/Zürich/new york 2001, S. 41.
[59] Siehe Sall. Cat. 52.2.
[60] Siehe Sall. Cat. 52.3.
[61] Vgl. VRETSKA, Sallustius, S. 497.
[62] Siehe Sall. Cat. 52.5.
[63] Vgl. VRETSKA, ebd.

Im Vergleich zu Caesar bezieht sich Cato nur zweimal auf die Ahnenbilder.[64] Auch diese Hinweise auf die *maiores* verfolgen das Ziel die Gegenwart und das Handeln der Aristokratie, die kein Pflichtbewusstsein für den Staat habe, zu kritisieren, welches ganz im Sinne Sallusts den Untergang der *res publica* herbeiführte. Ähnlich der Rede Caesars erinnert die Klage Catos gegen die Nobilität an Sallust.[65] Es war zunächst die Geldgier, dann die Herrschgier, die den Grund des Übels bildete, was dazu führte, dass man sich den Göttern hinwegsetzte .[66] Hierdurch korrespondiert auch Cato stark mit Sallust. Ähnlich wie Cato kritisiert Sallust beispielsweise das Geld, indem er sagt *pecuniae studium, ...quam nemo sapiens concupivit.*[67] Skard sieht eine vollkommene Wesenseinheit zwischen der Rede Catos und den Überzeugungen Sallusts. In vielen Stellen lassen sich Ähnlichkeiten identifizieren. Cato zum Beispiel macht zweimal auf *luxuria atque avaritia* aufmerksam – zwei Begriffe, die die grundsätzlichen Kritikpunkte Sallusts bilden. So heißt es bei Sallust *civitatis mores, quos pessuma...mala, luxuria atque avaritia, vaxebant.*[68] Die Missachtung des Glaubens wird ebenfalls als Argument gegen Caesar verwendet, da Cato ihm vorwirft, er glaube nicht an die *Unterwelt.*[69] Es lässt sich also feststellen, dass Caesars Argumentation auf der Angst beruht einen *Carte blanche* für Todesstrafe einzuführen, während Catos Argumente gänzlich von der Angst vor dem Untergang der *res publica* geprägt sind. Somit entsteht der Eindruck, Cato sehe die Belange und das Wohl der Republik mit wesentlich ernsterem Blick. Nach der Rede Caesars herrschte keine konsensuale Haltung im Senat, die Meinungen waren gespalten und Cato schaffte es durch seine Rede den Senat zu überzeugen. Zurecht meint Fehrle, dass Sallust Cato die Rede mit den stärkeren Argumenten in den Mund legt. Seine Rede zeichnet sich vor allem durch einen klaren Aufbau logisch Argumente aus. Sallust stellt Cato, so Fehrle, als den verantwortungsbewussteren Politiker dar, wobei Caesar mehr die Funktion eines Philosophen übernimmt und seine Argumentation auf Abschreckung basiert.[70] Die anerkennenden Worte an Cato bei Sallust sind zudem sicherlich von der Wirkung beeinflusst, die Cato durch seinen Selbstmord erreichte.[71] "Sowohl in der Antike als auch in der Neuzeit

---

[64] Vgl. VRETSKA, Sallustius, S. 498. Siehe Sall. Cat. 52.19 und Sall. Cat. 52.30.
[65] Siehe Sall.Cat. 10.
[66] Siehe Ebd.
[67] Vgl. SKARD, Sallust, S. 85 und Siehe Sall.Cat. 11.3.
[68] Vgl. SKARD, ebd., Sall. Cat. 5.8.
[69] Siehe Sall. Cat. 52.13.
[70] Vgl. FEHRLE, Cato, S. 308.
[71] Vgl. CARLSSON, Gunnar, eine Denkschrift an Caesar über den Staat, historisch-philologische Untersuchung, (Publications of the new Society of Letters at Lund), Band 19, Lund 1936, S. 86.

und vor allem während der Aufklärung galt Cato nicht nur als das Beispiel für römische Tugend, sondern auch als jemand, der bis zuletzt gegen den Tyrannen kämpfte, doch sich am Ende gegen die Möglichkeit entschied sein Leben zu retten, da es für ihn ein unfreies Leben bedeutet hätte sich Caesar zu unterwerfen und er lieber frei sterben wollte.[72] Somit verfasste Caesar z.b. einen *Anticato*, weil er sich bewusst war, wie wirkmächtig dieses republikanische Ideal zu seiner Zeit in der römischen Oberschicht war.[73] Die Wirkmächtigkeit Catos wird noch deutlicher im Vergleich der Anzahl der Ansprachen an die Senatoren während des Rededuells: Caesar sprach die Senatoren achtmal an – Cato nur zweimal. Dieser klare Unterschied in der Häufigkeit veranschaulicht das Verhältnis, das beide Duellpartner gegenüber dem Senat haben. Cato war sich seiner hohen Stellung durchaus bewusst.[74] Den beachtlichen Ruf, den Cato in den Köpfen der Zeitgenossen genoss, spielt bei der Abwägung der Tendenz Sallusts eine große Rolle, da der Vergleich Catos und Caesars anschließend in der Synkrisis diesen Faktor berücksichtigend beurteilt werden kann. Der Vergleich Caesars mit Cato sei dementsprechend ein Kompliment, was einem Sieg für Caesar in dem Rededuell gleichzusetzen sei.[75]

5. Die Synkrisis und der Gewinner

Nach thukydeischen Vorbild werden im Rededuell bei Sallust Caesar und Cato gegenübergestellt. Dabei verwendet Sallust die politische Rede als Instrument zur Beeinflussung anderer Meinungen und betont die damit verbundenen Missbrauchsmöglichkeiten: Man kann sowohl zum schlechten als auch zum guten Handeln überreden.[76] In der krisenhaften Situation erfordert der Staat Rationalität, auf die Caesar hinweist sowie Sittlichkeit, auf die wiederum Cato hinweist, um vor dem Untergang bewahrt zu bleiben.[77] Die Tradition der Synkrisis und die Vorliebe zur Dialektik ist symptomatisch für die Antike und hat eine griechische Prägung. Mithilfe eines Dialogs einen Erkenntnisgewinn

---

[72] Vgl. BILLER, Cato, S. 41ff.
[73] Vgl. TAYLOR, Lilly Ross: Party Politics in the Age of Caesar (Sather Classical Lectures) Band 22, London 1949.
[74] Vgl. VRETSKA,Sallustius, S. 512-513.
[75] Vgl. LAST, Hugh: Sallust und Caesar im >Bellum Catilinae<, in: Viktor Pöschl (Hrsg.), Sallust, (Wege der Forschung) Band 94, Darmstadt 1970 S. 219.
[76] Vgl. VRETSKA,ebd., S. 509.
[77] Vgl. ebd.

zu erreichen ist eine typische literarische Methode.[78] Traditionell gesehen dient die Synkrisis dazu, durch Gegenüberstellungen von Gegnerbildern entweder zu verurteilen oder zu loben.[79] Dass das Rededuell für so viele kontroverse Meinungen sorgt und es schwer ist bei einer Analyse der Gegenrednern eine der Seiten zu ergreifen ist kein Phänomen, sondern typisch. Genau diese Methodik der Gegenüberstellung von gleichgewichtigen Argumenten ist symptomatisch für die griechische Tradition.[80] Eine Synkrisis, die den Reden folgt, wird nur durch die Gegenüberstellung beider so verschiedene Charaktere möglich, die trotz ihrer Unterschiede aufgrund ihres moralischen Verhaltens gleichgestellt werden.[81] Durch die Darstellung eines Gegnerbildes von Caesar und Cato versucht Sallust seiner moralischen Sprache Ausdruck zu verleihen. Sallust stellt seine eigenen Ideale der Vernunft und der Moral gegenüber und intendiert durch die Kunst des Sprechens den Sittenverfall Roms darzustellen. [82] Bevor Sallust in die Synkrisis übergeht, schildert er in einem kleinen Exkurs seine Gedanken über die Größe und den Verfall Roms. Die Stadt war eben aufgrund der *virtus virorum* unbesiegbar. Diese Tugenden werden durch die Habgier und Geldgier zunichte gemacht. Die letzte Hoffnung, so begründet Sallust die Synkrisis, sieht er in Caesar und Cato. [83] Zu der Synkrisis leitet Sallust über, indem er schreibt, dass in seiner Zeit Cato und Caesar zwei Männer mit *"ingenti virtute"*[84], jedoch unterschiedlicher Wesensart waren und beginnt Parallelen zwischen den Gegnern zu ziehen. Das Aufzeigen der Parallelen ist äußerst interessant, vor allem in Hinsicht auf die die Feindschaft Catos und Caesars, die mit dem Rededuell gewiss nicht endet. Es war Cato, der die Consulwahl Caesars 59 v. Chr. zu verhindern versuchte. Es war Caesar, der am Ende der Sitzung Cato verhaften ließ. Schließlich standen sie sich während des Bürgerkriegs erneut gegenüber. Beide waren im gleichen Alter, vom gleichen Stand und ähnlich ruhmreich. Ihren Ruhm bezogen sie jedoch wegen unterschiedlicher Handlungen.[85] Der römische Ruhmgedanke hat einen sehr eigenen Charakter. Wenn in der Bibelübersetzung des Hieronymus *gloria* mit Schwere übersetzt wird und die innewohnende Eigenschaft des Menschens bedeutet, benötigt der römische Ruhmgedanke zwei Elemente. Einerseits bedarf es einer Person, der man Ruhm erteilt,

---

[78] FOCKE, Friedrich, Synkrisis, in: Hermes Band 58.3, (1923), S. 367.
[79] Ebd.
[80] Vgl.SCHMAL, Sallust, S. 41-42.
[81] Vgl. SKLENAR, La république, S. 206.
[82] Vgl. SKLENAR, ebd.
[83] Vgl. VRETSKA, Sallustius, S. 498-499.
[84] Siehe Sall. Cat. 53.6.
[85] Siehe Sall. Cat. 54.

andererseits aber auch einen Ruhmerteilenden, welcher im römischen Gedankengut durch die Sozietät dargestellt wird.[86] In der Regel wurde Ruhm mit militärischen Erfolgen assoziiert und Sallusts Ruhmesverleihung an Caesar durch seine *beneficiis ac munificentia*[87] ist eine eher untypische Rhumequelle.[88] In der Formulierung Sallusts *Caesar dando sublevando ignoscundo, Cato nihil largiundo gloriam adeptus est*[89] sehen manche Historiker eine Kritik an Caesar.[90] In Skards Augen ist hier eine Kritik an Caesar verborgen. Für den Historiker ist der Wunsch Caesars weiterhin neue Kriege zu führen evident. Doch im Gegensatz zu Caesar sei für Cato der Gewinn äußeren Ruhmes von keinerlei Bedeutung, weswegen Cato bei dem Vergleich als der Größere hervorgeht.[91] Außerdem gelangt Cato an Ruhm, ohne dafür zu handeln, doch Caesar erkämpft sich Ruhm. Eine Eigenschaft, die auch bei Catiline zu sehen ist.[92] In Hinblick darauf, dass der römische Ruhmgedanke zwei Faktoren[93] einbezieht, erscheint diese Behauptung nicht nachvollziehbar zu sein, da letztendlich Sallust keine explizite Kritik äußert. Letztendlich ist es der Quelle naheliegender zu deuten, dass Cato in seinem Denken und Handeln die Werte der römischen Aristokratie verkörpert und Caesar die Freundschaft seiner politischen Partner seiner Position zugutekommt.[94] Auch bei dieser Parallele Caesars mit Catiline sollte nicht direkt an strenge Kritik an Caesar gedacht werden, sondern eher an eine Kritik an die Krisenzeit. Denn Sallust sieht das Streben nach Ruhm als ein dem Menschen inhärentes Verhalten, als eine anthropologische Konstellation des Menschen, die zu der Umwandlung der eigentlichen Kritik in eine Apologie führt.[95] Die Figur Caesars ist somit ein natürliches Resultat der Zeit des Sittenverfalls: ein Ergebnis aus Konkurrenzkämpfen.[96] Der Sallustforscher Levene argumentiert, dass die Tugenden, die beide Duellpartner verkörperten, nicht für sich alleine stünden, sondern fragmentiert wären.[97] Der Historiker Batsone ergänzt in seiner detaillierten Analyse der Synkrisis diese Ansicht und fügt hinzu, keine der Figuren hätte in irgendeiner Weise zu der Rettung der Republik beitragen

---

[86] KNOCHE, Ulrich: Der römische Ruhmesgedanke, in: Philologus Band 89,(1934), S. 102.
[87] Sall. Cat. 54.2.
[88] KNOCHE, ebd., S. 119.
[89] Sall. Cat. 54.3.
[90] KATZ, Barry Richard: Dolor, invidia and misericordia in Sallust, AClass 24, (1981), S. 75.
[91] SKARD, Sallust, S. 71.
[92] Vgl. SHIMRON, Caesar's place, S. 341.
[93] KATZ, ebd., S. 75.
[94] SYME, Sallust, S. 111.
[95] BAIER, Sallust, S. 67.
[96] BAIER, ebd., S. 68.
[97] LEVENE, Sallust's Catiline, S. 181.

können. Sallust führt laut ihm Tugenden vor, die zum Teil in Widerspruch zueinander stehen und den Konflikt zwischen dem traditionell römischen Wertesystem und den intellektuellen Tugenden unterstreichen.[98] An dieser Position knüpft auch der Historiker Biller an. Die beiden Gegner verteidigen ihre jeweilige Position vor dem Senat, der zu der Zeit einer existentiellen Krise der Republik als Institution die maßgeblichen Entscheidungen traf. Die Kontrahenten hatten die nötige Macht durch ihre Reden ein so mächtiges Organ wie dem Senat zu beeinflussen, doch keiner der Gegner hatte genügend Macht, um die Republik vor dem Untergang zu bewahren.[99] Es lässt sich eine Verbindung zwischen dem Abschnitt *"Archäologie: Abriss der römischen Sittengeschichte"* und dem Rededuell Sallusts feststellen. Die Darstellung des römischen Sittenverfalls und der Verfall des Staates werden miteinander verknüpft. Die Tugenden, die die Gegenredner besitzen, wie beispielsweise Caesars *beneficiis* oder Catos *innocentia* und *pudor* werden mit den Tugenden der Ahnen assoziiert.[100] Ähnlich zu Levene sieht Shimron eine Verbindung zwischen den unterschiedlichen Tugenden, die Cato und Caesar verkörpern. Shimron jedoch deutet diesen Brückenschlag als eine Kritik an Caesar. So weist Levene darauf hin, dass es eine Fehlinterpretation von Shimron sei, zu behaupten, die Zuschreibung der *Virtus beneficiis* an Caesar bedeuteten, dass er diese nur in auswärtigen Angelegenheiten besitze. Dennes sei natürlich, dass vor allem im Krieg solch eine Tugend besonders zur Geltung kommt.[101] Nicht anders als die Rede Caesars, erinnert Catos Rede an vielen Stellen an Sallust. So ist es nicht verwunderlich, dass in der Forschung kein Konsens über die Tendenz Sallusts herrscht. Pöschl beispielsweise schreibt, dass "alle Versuche, Sallust auf einen der beiden Redner festzulegen, [...] zum Scheitern verurteilt sind" [102]. Die These Pöschls ist nachvollziehbar, da Sallusts Auftreten in beiden Reden nachweisbar ist.[103] Es wäre vielleicht nicht zu weit gedacht, wenn man sagen würde, dass Sallust nur durch eine Zusammenführung der beiden *virtus*-Träger die Bewahrung der Republik vor dem Untergang gesehen hätte.[104] Werden die beiden Reden aus der Makroperspektive betrachtet, wird eindeutig, dass es nicht etwa Sallusts Ziel ist einen der Gegenspieler zu loben und den anderen zu verdammen. Vielmehr möchte er den Sittenverfall darstellen und Kritik an die

---

[98] BATSTONE, William W.: The antithesis of virtue. Sallust's Synkrisis and the crisis of the late republic, ClAnt 7, 1988, S.2.
[99] BILLER, Cato, S. 63.
[100] LEVENE, Sallust's Catiline, S. 181.
[101] Ebd.
[102] PÖSCHL, Die Reden, S. 377, Z.1.
[103] Siehe MCGUSHIN, Patrick: C. Sallustius Crispus. Bellum Catilinae. A commentary, Leiden 1977, S. 154.
[104] SYME, Ronald: Sallust, Darmstadt 1975, S. 116.

politischen Verhältnisse äußern. Durch die Rede und Gegenrede der Senatssitzung werden somit zwei unterschiedliche Aspekte der Debatte erläutert.[105] Einerseits der juristische und andererseits ein auf den Erhalt des Staates fokussierender, moralischer Aspekt. Darüber hinaus scheinen die Duellpartner in der Synkrisis, das einzig Sittliche in dem ganzen Übel geblieben zu sein.[106]

6. Fazit

Bei der näheren Betrachtung der Reden des sallustischen Caesars und Catos lässt sich eine große Ähnlichkeit feststellen: Bei beiden Reden treten die Überzeugungen des Historikers Sallust selbst in Erscheinung. Die Forschungsrichtungen, die sich zu stark darauf konzentrieren, einen der beiden Gegenspieler als Sieger des Duells hervorzuheben, laufen Gefahr Sallust einen unverdienten Stempel eines tendenzgeleiteten Historikers aufzusetzen und zu vergessen, dass seine Zielsetzung in der Geschichte die moralische Erkenntnis war. Sowohl Caesar als auch Cato beweisen in den Reden Tugenden, die den altrömischen und von Sallust gewünschten Wertvorstellungen entsprechen. Doch ähnlich kann auch aus beiden Reden eine Kritik gelesen werden. Sei es durch das Aufzeigen negativer Eigenschaften wie Machtgier oder durch eine Parallele zwischen der Entscheidung Catos für die Todesstrafe mit der Zerstörung Karthagos. Im Hinblick auf die Größe Catos für die Zeitgenossen wird jedoch jegliche Kritik sowohl an Caesar als auch an Cato selbst relativiert: Wäre die Kritik an Caesar tatsächlich so harsch, würde Sallust ihn in der Synkrisis Cato nicht gleichsetzen. Eine zu starke Kritik an Cato wäre womöglich nicht im Sinne des zeitgenössischen Denkens. Es scheint so, dass Sallust in der Zusammensetzung beider Charaktere die Rettung der Republik sieht – das, was beide im Einzelnen nicht erreichen konnten. Da nun ersichtlich ist, dass es die Reden nicht im Einzelnen zu betrachten gilt, kann das Rededuell in weiteren Arbeiten aus einer Makroperspektive betrachtet und eine dritte Richtung eingeschlagen werden. In den Reden lassen sich viele Parallelen mit unterschiedlichen Ereignissen ziehen, die nach der Verschwörung passierten. So kann untersucht werden, ob Sallust die ideologische Kluft zwischen Caesarianern und Republikanern überbrücken wollte und ob es stimmt, dass Sallust

---

[105] SCHMAL, Sallust, S.39.
[106] SCHMAL, ebd.

Bezug auf zahlreiche spätere Ereignisse nimmt und beispielsweise eine Kritik am zweiten Triumvirat 43 v. Chr. von Marcus Antonius und Octavian ausübt.

7.1 Quellenverzeichnis

Aristoteles, Politica - Aristoteles, Politik, Schriften zur Staatstheorie hrsg. u. übers.v. Franz F. Schwarz, Stuttgart 2010.

Cassius Dio, Historiae Romana - Cassius Dio, Römische Geschichte, übers.v. Otto Veh, Düsseldorf 2009.

Homer, Ilias - Homeri Ilias, hrsg. u. übers.v. Martin, West, (Bibliotheca scriptorum Graecorum et Romanorum Teubneriana), Leipzig 2000.

Plutarch, Vitae Parallelae- Grosse Griechen und Römer, hrsg.v. Konrat, Ziegler, (Bibliotheca scriptorum Graecorum et Romanorum Teubneriana), Zürich 1957.

Sallust, de Coniuratione Catilinae - Sallust, Werke und Schriften, hrsg. u. übers.v. Wilhelm Schöne, Berlin 2013

Sueton, Divius Iulius - Sueton, de vita Caesarum, hrsg. und übers. v. Hans Martinet, Stuttgart 1991.

7.2 Literaturverzeichnis

Baier, Thomas: Cicero und Sallust über die Einzelherrschaft Caesars, in: Thomas Baier (Hrsg.): Die Legitimation der Einzelherrschaft im Kontext der Generationenthematik, Berlin 2008, 65-84.

Barr, Julian, Sallust: Corrupt Politician and Historian, in: Crossroads Band 6.1, (2012), S.58-63.

Batstone, William W.: The antithesis of virtue. Sallust's Synkrisis and the crisis of the late republic, ClAnt 7, 1988, S. 1-29.

Biller, Hildegard: Cato Der Jüngere in der Lateinischen Rezeption der Christlichen Spätantike Und Des Frühen Mittelalters, in: *Mediaevistik*, Band 12, (1999), S. 41-184.

Bleicken, Jochen, die Verfassung der Römischen Republik, Grundlagen und Entwicklung, Paderborn 1995.

Bringmann, Klaus: Sallusts Umgang mit der historischen Wahrheit in seiner Darstellung der Catilinarischen Verschwörung, in: Philologus Band 116, (1972), S. 98.

Carlsson, Gunnar, eine Denkschrift an Caesar über den Staat, historisch-philologische Untersuchung, (Publications of the new Society of Letters at Lund), Band 19, Lund 1936.

Drexler, Hans: Die moralische Geschichtsauffassung der Römer, Gymnasium 61, (1954), S. 168- 190.

Drummond, Andrew: Law, politics and power. Sallust and the execution of the Catilinarian conspirators, Stuttgart 1995

Focke, Friedrich, Synkrisis, in: Hermes Band 58.3, (1923), S. 327-368.

Gärtner, Hans Armin: Erzählformen bei Sallust, Historia 35, 1986, S.449-473.

Homeyer, Helene: Zur Bedeutungsgeschichte von "Sapientia",in: L'antiquité classique, Band 25.2, (1956), S. 301-318.

Katz, Barry Richard: Dolor, invidia and misericordia in Sallust, AClass 24, (1981), S. 71-85.

Knoche, Ulrich: Der römische Ruhmsgedanke, in: Philologus 89, (1934), S. 102-124.

Last, Hugh: Sallust und Caesar im >Bellum Catilinae<, in: Viktor Pöschl (hrsgv.), Sallust, (Wege der Forschung) Band 94, Darmstadt, 1970, S. 219.

Lefèvre, Eckard: Argumentation und Struktur der moralischen Geschichtsschreibung der Römer am Beispiel von Sallusts Bellum Iugurthinum, Gymnasium 86, (1979), S.249-277.

Levene, David: Sallust's Catiline and Cato the censor, in: The Classical Quarterly, Band. 50.1, (2000), S.170-191.

Mause, Michael: *Clementia Caesaris, Caesar und seine Gegner im Bürgerkrieg,* in: Praxis Geschichte, Band 1, (2009), S. 42-46.

McGushin, Patrick: C. Sallustius Crispus. Bellum Catilinae. A commentary, Leiden 1977.
Pöschl, Viktor: Die Reden Caesars und Catos in Sallust's Catiline, in: ders. (Hrsg.): Sallust, Darmstadt 2 1981, S. 368-397.

Schmal, Stephan: Sallust, (Studienbücher Antike) Band 8, Hildesheim/Zürich/New york 2001.

Schmid, Walter: Sallust. Die Reden Caesars und Catos. Terminologie und Ideologie, Gymnasium 69, 1962, S. 336-350.

Schwartz, Eduard: Die Berichte über die catilinarische Verschwörung, Hermes 32, (1897), S. 554-608.

Shimron, Benjamin: Caesar's place in Sallust's political theory, Athenaeum 45, (1967), S. 335-345.

Skard, Eliv: Sallust als Politiker, in: Symbolae Osloenses 9, (1930), 69-95.

Sklenář, Robert John: La république des signes. Caesar, Cato, and the language of Sallustian morality, TAPhA 128, 1998, S. 205-220.

Syme, Ronald: Sallust, Darmstadt 1975.

Taylor, Lilly Ross: Party Politics in the Age of Caesar (Sather Classical Lectures) Band 22, London 1949.

Vretska, Karl: C. Sallustius Crispus. De Catilinae Coniuratione, Heidelberg 1976.

Milton Keynes UK
Ingram Content Group UK Ltd.
UKHW010637041223
433752UK00006B/376